TABLE DES MATIÈRES

Éveiller l'intérêt

Aidez les élèves à comprendre et à apprécier les thèmes d'apprentissage social et émotionnel par le biais d'histoires. Une liste d'imagiers est inclue dans ce guide d'enseignement.

Feuilles reproductibles et organisateurs graphiques

Reproduisez les fiches et les organisateurs graphiques proposés pour présenter de l'information, revoir des concepts importants et fournir de nouvelles occasions d'apprentissage, et encouragez les élèves à s'en servir. Les organisateurs graphiques les aideront à se concentrer sur des notions importantes ou à faire des comparaisons directes.

Cartes de comportements

Utilisez les cartes fournies comme point de départ pour des discussions ou des jeux de rôles, ou pour faire un tri en fonction des différentes émotions présentées. Agrandissez les cartes en les photocopiant et utilisez-les pour créer un tableau d'affichage sur les thèmes d'apprentissage social et émotionnel.

Jeux de rôles

Les jeux de rôles offrent aux élèves d'excellentes occasions de comprendre comment les autres se sentent dans différentes situations et de faire preuve d'empathie. N'introduisez les jeux de rôles que lorsque les élèves de la classe se connaissent bien et sont à l'aise les uns avec les autres. Fixez des règles pour ces activités afin d'éviter les comportements déplacés. Les éléments ci-dessous permettront aux élèves de retirer le maximum des jeux de rôles :

- une mise en scène du scénario proposé;
- une discussion et une analyse du scénario proposé;
- la poursuite du jeu de rôles avec d'autres situations possibles;
- l'élaboration de conclusions relatives au scénario proposé.

LA FIERTÉ ET L'ESTIME DE SOI

Fierté : le fait d'être content ou satisfait de ses réussites et de sa situation
Estime de soi : le fait d'avoir une opinion positive de soi-même

Activité 1 : Tout sur moi

Demandez aux enfants de s'autocélébrer en remplissant les pages tout sur moi! Cette activité est une bonne façon pour les enfants de penser à ce qu'ils aiment et à ce qui les définit.

Activité 2 : L'Élève de la semaine

En plus d'être un excellent moyen de développer la fierté et l'estime de soi chez les élèves, cette activité est aussi une façon de les amener à mieux connaître leurs camarades de classe et de créer une communauté. Au début de l'année scolaire, indiquez aux familles la semaine pendant laquelle leur enfant sera à l'honneur. En prévision de cette semaine, invitez-les à envoyer des photos spéciales de l'enfant, par exemple des photos de bébé, ainsi qu'un sac d'objets que l'élève voudrait montrer à ses camarades. Prévoyez un tableau où seront affichés des renseignements sur l'élève, ainsi que ses photos et ses travaux scolaires. Vous voudrez peut-être y inclure aussi des notes rédigées par les autres élèves pour féliciter l'Élève de la semaine ou lui exprimer leur appréciation.

Activité 3 : Célébrer les enfants

Soulignez et récompensez les réussites et les qualités des élèves sur une base régulière, en vous servant des certificats fournis dans le présent guide d'enseignement. Tenez un registre des certificats qui ont été décernés et des élèves récompensés afin de surveiller certains comportements ou certaines réalisations chez des élèves particuliers. Les certificats peuvent être remis aux élèves dès qu'ils les méritent, à moins que vous ne préfériez tenir des réunions périodiques pour les distribuer.

Activité 4: La persévérance

Invitez les élèves à se fixer des objectifs personnels. Par les moyens ci-dessous, encouragez-les à persévérer et à atteindre ces objectifs :

- affirmez aux élèves que vous avez confiance dans leur capacité d'atteindre leurs objectifs
- faites des commentaires honnêtes sur ce que les élèves font bien et sur ce qu'ils doivent améliorer;
- si une tâche semble intimidante pour un élève, divisez-la en éléments plus faciles à gérer;
- faites comprendre aux élèves qu'il est normal que les choses ne soient pas toujours faciles et qu'ils sont capables de surmonter les obstacles;
- insistez sur l'importance de terminer ce qu'ils ont commencé;
- parlez de vos expériences personnelles;
- soulignez les réussites des élèves et invitez-les à expliquer comment ils se sentent après avoir atteint leur objectif.

Je m'appelle...

_____

- -

_____

Voici une photo
de ma famille.

Voici une photo
de moi.

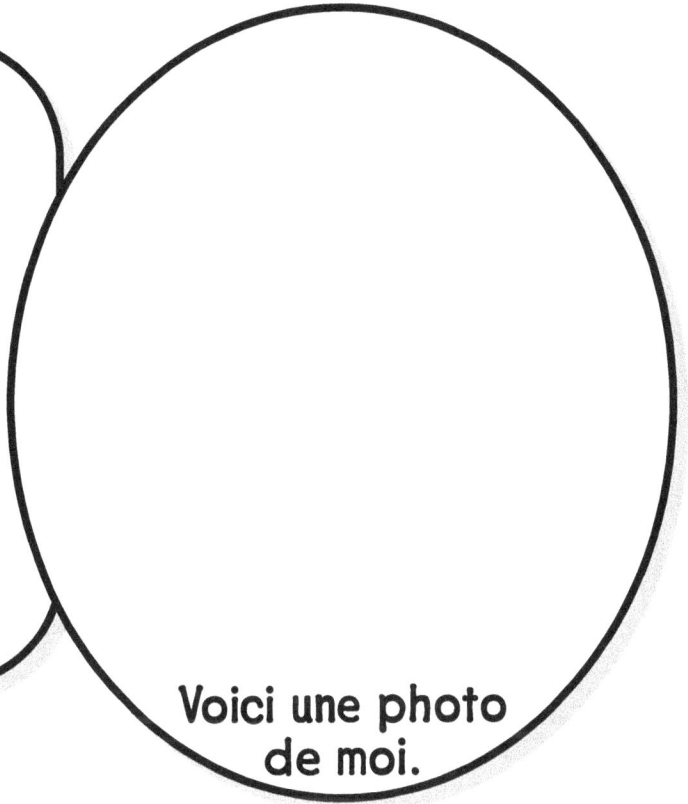

Ma couleur préférée est...

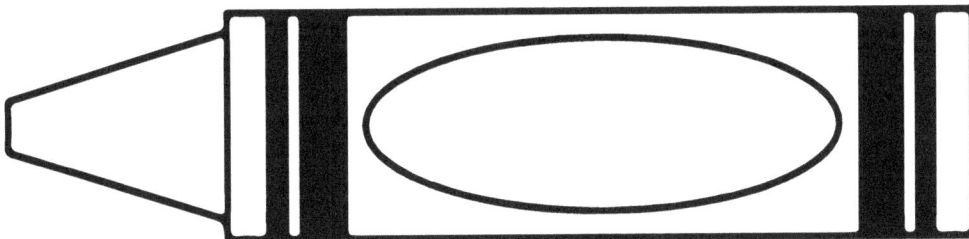

_____

J'ai - - - - - - - - - - - - - - - - - - ans.

_____

Tout sur moi

Ma nourriture préférée est...

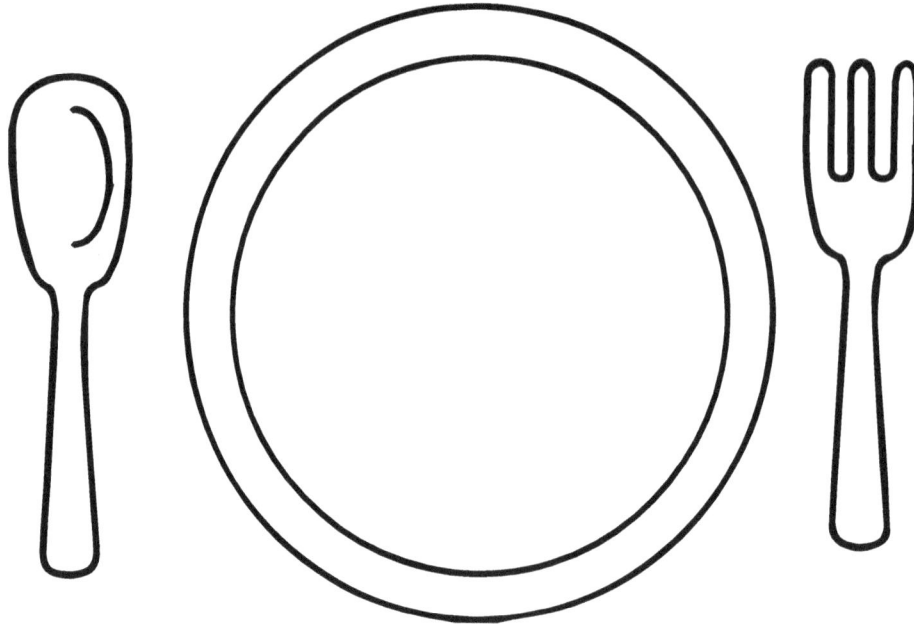

Je vis à...	Mon anniversaire est le...
_____	_____

J'aime _____

J'aime _____

J'aime _____

Ma saison préférée est...

C'est ce que je veux être quand je serai grand.

Mon animal préféré est...

Ce qui me représente

Dessine ou découpe quelque chose dans une revue pour créer un collage qui te représente.

Ma carte d'amour

Remplis les espaces avec toutes les choses et les gens que tu aimes!

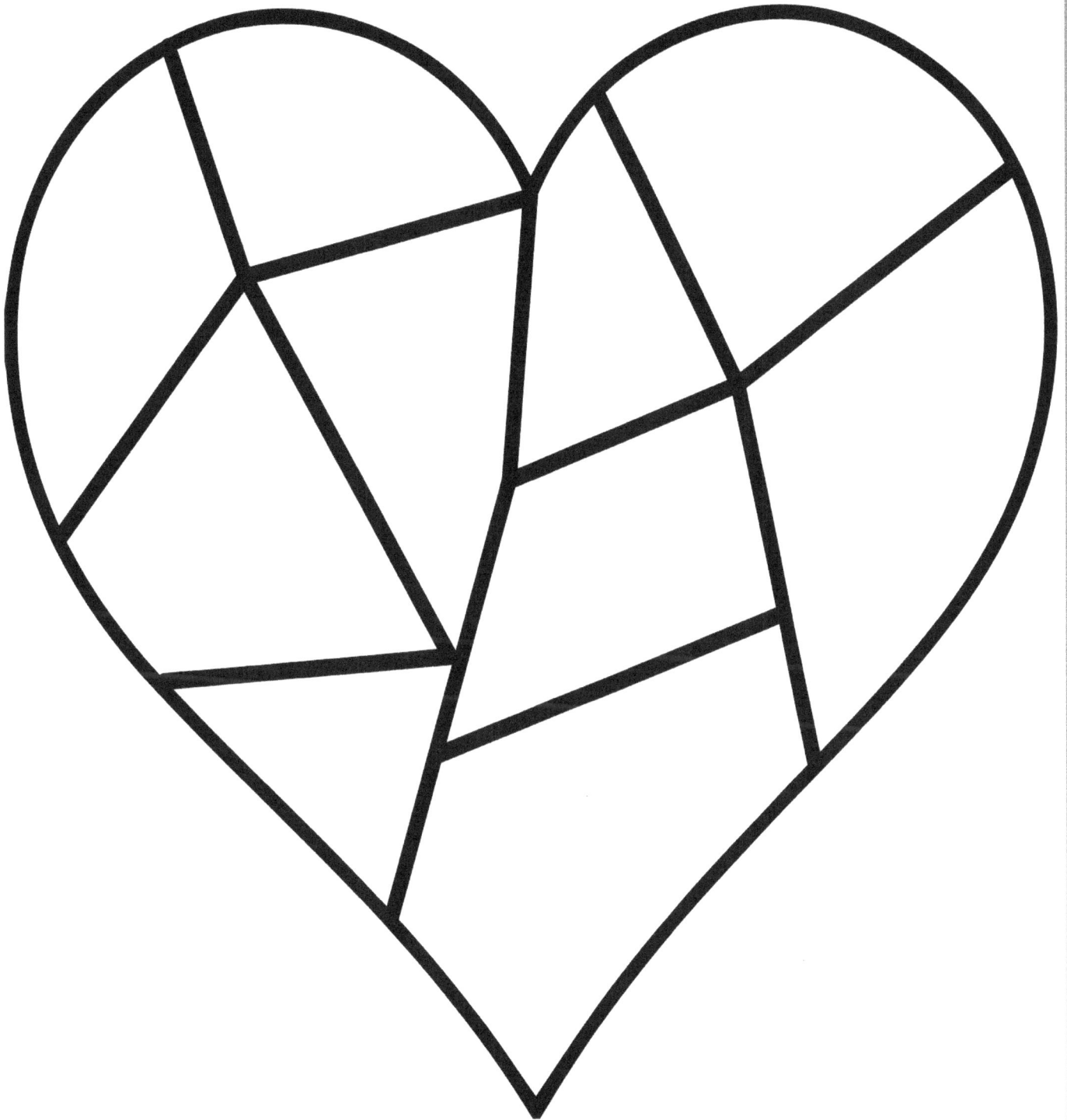

L'Élève de la semaine

Élève de la semaine : _____

Cher parent tuteur, Chère tutrice,

Votre enfant a été choisi(e) comme *Élève de la semaine* pour la semaine du _____.

Je vous invite donc à placer dans le sac de papier des objets que votre enfant aimerait apporter en classe pour les montrer à ses camarades. N'oubliez pas d'inclure des photos de son choix, que nous afficherons sur notre tableau de la *Vedette de la semaine.* Veuillez aussi nous fournir les renseignements ci-dessous afin que nous les ajoutions à notre tableau.

La participation et le soutien de votre famille sont très appréciés!

Mon livre préféré :

_____

Mon plat préféré :

_____

Ce que j'aime le mieux à l'école :

_____

Voici mon portrait.

Je m'appelle _____

Termine la phrase inscrite dans le ballon.

JE SUIS FIER OU FIÈRE DE...

Objectif de _____

Pour atteindre cet objectif, je dois...

_____

- - - - - - - - - - - - - - - - - - -

_____

Je veux atteindre cet objectif parce que...

_____

- - - - - - - - - - - - - - - - - - -

_____

Mon objectif est de...

_____

- - - - - - - - - - - - - - - - - - -

_____

11

LE LIVRE DE

_____

SUR LA FIERTÉ

Je suis fier ou fière quand j'apprends à faire quelque chose de nouveau.

Je suis fier ou fière de mon travail.

Je suis fier ou fière quand je gagne.

Je suis fier ou fière quand je suis capable de faire une chose bien.

Je suis fier ou fière quand j'affronte une peur.

Je suis fier ou fière quand je n'abandonne pas.

Voici mon dessin.
Je suis fier ou fière de moi!

Empathie et émotions

Empathie : la capacité à comprendre et à partager les sentiments des autres.
Émotion : un sentiment puissant qui est souvent accompagné d'une réaction physique.

Activité 1 : Tout le monde a des sentiments

En classe, dressez une liste des différents types de sentiments. Discutez de situations dans lesquelles chacun de ces sentiments peut se manifester. Demandez aux élèves de remplir les feuilles d'activités intitulées « Mes sentiments » et discutez-en tous ensemble.

Activité 2 : Des personnes attentionnées

Demandez aux élèves ce qu'est, selon eux, une personne attentionnée. En groupe, faites un remue-méninges et dressez une liste de ce qu'on fait et de ce qu'on ne fait pas quand on est attentionné. Demandez des exemples précis pour chacun des comportements suggérés par les élèves.

Points de départ pour la discussion :

1. Selon vous, comment les nouveaux élèves se sentent-ils quand ils arrivent dans une nouvelle classe? Que pourriez-vous faire pour eux?
2. Que pourriez-vous faire pour qu'une personne triste soit contente?

Activité 3 : Des gestes de gentillesse

Demandez aux élèves de donner des exemples de gentillesse. Notez leurs réponses sur une feuille grand format. Invitez-les ensuite à décrire le genre de sentiments que chacun des gestes de gentillesse cités suscite en eux. Essayez de leur faire comprendre qu'ils peuvent rendre les gens heureux, par exemple en leur faisant des compliments ou en se montrant gentils avec eux. Invitez les élèves à créer des cartes de compliments ou d'appréciation pour d'autres élèves de la classe, ou à fabriquer des coupons à distribuer aux autres en guise de geste de gentillesse.

Points de départ pour la discussion :

1. Comment se sent-on quand on est gentil?
2. Et quand on est méchant?

Activité 4 : Quand on est en colère...

Demandez aux élèves de se rappeler un moment où ils ont été en colère. Invitez-les à expliquer ce qui s'est passé et comment ils ont réagi. Voici quelques exemples possibles :

- quelque chose est injuste;
- quelqu'un a été méchant envers moi ou m'a taquiné;
- quelqu'un a brisé quelque chose;
- il y a quelqu'un à ma place;
- quelqu'un ne veut pas partager;
- quelqu'un m'a pris quelque chose.

Activité 5 : L'intimidation

Aidez les élèves à bien comprendre ce qu'est l'intimidation. L'intimidation consiste à faire mal à quelqu'un, physiquement ou psychologiquement. Insistez sur le fait que ce mauvais comportement peut se retrouver chez des gens de toutes sortes. Une personne est généralement victime d'intimidation de façon répétée. L'intimidation peut être, par exemple :

physique : frapper une personne, lui donner des coups de poing, la faire trébucher, la bousculer, lui voler ses affaires, l'enfermer quelque part ou l'empêcher d'entrer dans un lieu, etc.

verbale : taquiner une personne, la dénigrer, se moquer d'elle, faire des remarques embarrassantes sur elle, etc.

relationnelle : exclure une personne d'un groupe, répandre des rumeurs sur elle, ne pas faire attention à elle.

Il faut espérer que, si les élèves arrivent à comprendre ce qu'une personne ressent quand elle est victime d'intimidation, ils feront preuve de plus d'empathie et aideront à faire cesser de tels comportements.

État d'esprit de développement

Les études de la psychologue Dr Carol Dweck révèlent que les gens ont deux états d'esprit possibles—un état d'esprit fixe et état d'esprit de développement. Les gens ayant un état d'esprit fixe croient qu'ils sont soit intelligents ou bons dans quelque chose, ou qu'ils ne le sont pas— et que rien ne peut changer. Les gens ayant un état d'esprit de développement croient qu'ils peuvent toujours s'améliorer. Dr Dweck a découvert que les enfants présentant un état d'esprit de développement sont plus motivés à apprendre et accomplissent plus que les enfants présentant un état d'esprit fixe.

Comment aider les enfants à développer un état d'esprit de développement?

Parlez du cerveau : expliquez-leur que le cerveau devient plus fort en travaillant dur à la maîtrise de nouvelles aptitudes. Tout comme l'exercice qui développe nos muscles, les tâches nécessitant un raisonnement logique développent le cerveau.

Voyez les erreurs comme des opportunités d'apprentissage : laissez votre enfant savoir que les erreurs sont une bonne façon d'apprendre où le problème est. En regardant attentivement les erreurs, votre enfant et vous peuvent apprendre où existe une incompréhension ou certaines lacunes. Les erreurs ouvrent la voie vers la réussite!

Apprenez des façons de gérer la frustration : Les enfants peuvent « s'éteindre » lorsqu'ils deviennent frustrés, ce qui rend l'apprentissage impossible. Apprenez à votre enfant des façons de surpasser la frustration. Par exemple, utilisez l'Internet pour apprendre des techniques de respiration pour combattre le stress. Vous pouvez aussi rappeler à votre enfant des aptitudes qu'ils ont appris à maîtriser par le passé (comme de lacer les lacets de ses souliers) qui ont nécessité temps et effort à apprendre.

Concentrez-vous sur l'éloge du processus : bien qu'il est correct de faire l'éloge de votre enfant ou des résultats obtenus, vous pouvez encourager un état d'esprit de développement en concentrant votre éloge sur le processus. Par exemple, faites l'éloge de la volonté qu'il a de continuer à essayer et de l'utilisation efficace qu'il fait des stratégies d'apprentissage comme de poser des questions.

Modèle d'un état d'esprit de développement : cherchez les possibilités de renforcer avec votre enfant les façons de voir les choses avec un état d'esprit de développement. Par exemple :

Si un enfant dit...	Répondez en disant...
Je ne vais jamais y arriver!	Peut-être que tu ne peux pas le faire maintenant, mais tu vas t'améliorer en continuant.
Ça fait longtemps que j'essaie et je n'y arrive toujours pas!	Regarde tous ces aspects où tu t'es amélioré. Continue de travailler et tu vas faire de plus de progrès.
Hé, je peux finalement le faire!	Réfléchissons à comment tu y es parvenu. Certaines choses que tu as fait cette fois pourraient t'aider à relever le prochain défi.

Pensée positive

Découpe ces cartes et garde-les sous la main. Utilise les cartes pour un encouragement positif à n'importe quel moment.

Je fais de mon mieux!

J'entraîne mon cerveau!

Je résous des problèmes!

Je n'abandonne pas!

Je travaille dur!

Je reste positif!

Comment je me sens?

Sentiment	Je me sens comme ça quand...	Qu'est-ce que je peux faire...
Furieux		
Fâché		
Triste		
Préoccupé		
Heureux		

Comment je me sens?

curieux

timide

excité

content

aimé

frustré

fier

joyeux

solitaire

heureux

idiot

amical

embarrassé

fatigué

sociable

courageux

Comment je me sens?

heureux

ennuyé

sur de moi

confus

déçu

coupable

nerveux

blessé

intéressé

jaloux

en colère

triste

effrayé

satisfait

surpris

réfléchi

Cartes Comment je me sens?

Découpe les cartes et utilise-les pour afficher différents sentiments.

Créez un jeu de charades en choisissant une carte au hasard, ensuite demandez aux enfants de mimer cette émotion. Voyez combien d'émotions les camarades de classe peuvent deviner correctement.

triste

Dessine le tien!

_____

- - - - - - - - -

_____

satisfait

effrayé

surpris

réfléchi

heureux

coupable

confus

nerveux

déçu

blessé

intéressé

en colère

jaloux

curieux

timide

excité

aimé

frustré

fier

solitaire

heureux

idiot

content

brave

embarrassé

joyeux

fatigué

amical

ennuyé

sociable

sur de moi

Les sentiments de

Je me sens **heureux** quand...

Je me sens **triste** quand...

Je me sens **en colère** quand ...

Les sentiments de

Je me sens excité
quand ...

J'ai peur quand ...

Je me sens courageux
quand ...

Les sentiments de _____

	Je me sens fatigué quand ...
	Je suis fier quand ...
	Je me sens seul quand ...

Les sentiments de _____

Je me sens bête quand ...

Je me sens nerveux quand ...

Je me sens aimé quand ...

Associer les émotions

Dessine une ligne de l'émotion à l'image qui correspond.

triste

en colère

curieux

heureux

aimé

Dessine une ligne de l'émotion à l'image qui correspond.

confus

nerveux

fatigué

surpris

excité

Associer les émotions

Dessine une ligne de l'émotion à l'image qui correspond.

effrayé

amical

frustré

idiot

intéressé

Aujourd'hui, je me sens ...

Dessine comment tu te sens.

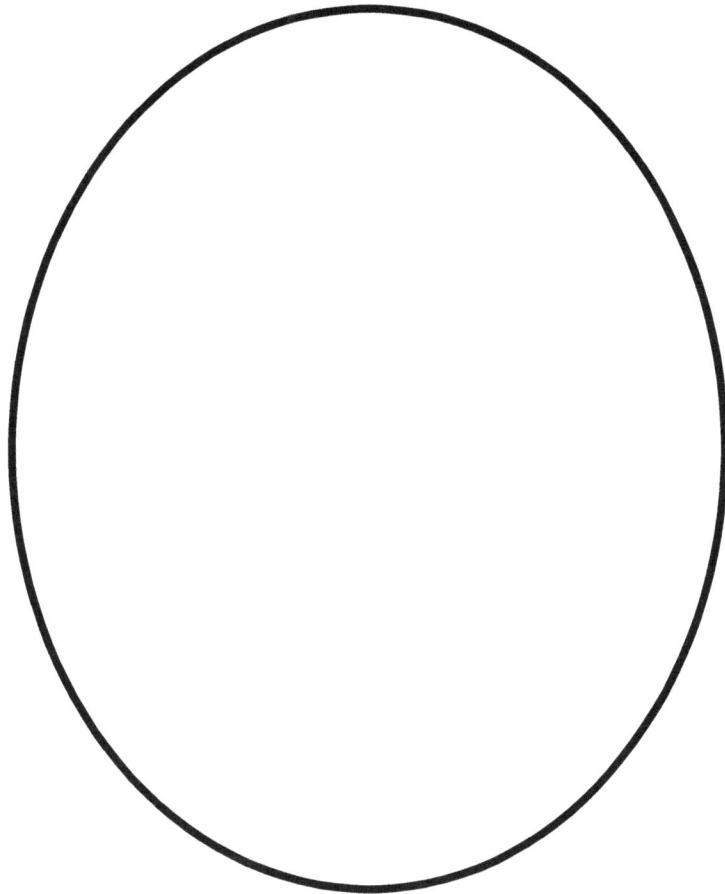

Je ressens ça parce que ...

_____

- - - - - - - - - - - - - - - - - - -

_____

- - - - - - - - - - - - - - - - - - -

_____

- - - - - - - - - - - - - - - - - - -

_____

La Courtoisie

Le fait d'avoir un comportement poli et gentil envers les autres

Activité 1 : La courtoisie

Demandez aux élèves s'ils savent ce que signifient les mots « courtoisie » et « politesse ». Faites un remue-méninges afin de dresser une liste de ce qui est courtois et de ce qui ne l'est pas. Créez un grand livre de classe à partir de la liste proposée par les élèves.

Points de départ pour la discussion :

1. Pourquoi est-il important d'être poli avec les autres?
2. Comment vous sentez-vous quand quelqu'un est poli avec vous?
3. Comment vous sentez-vous quand vous êtes polis?
4. Selon vous, comment les autres se sentent-ils quand vous êtes polis avec eux?
5. Comment pourriez-vous être polis avec les autres aujourd'hui? Donnez des exemples.

Activité 2 : Encourager le respect

Demandez aux élèves ce que signifie « traiter les autres avec respect ». Dressez ensemble une liste de choses à faire et à ne pas faire si on veut traiter les gens avec respect dans différentes situations, par exemple quand quelqu'un est invité dans la classe. Affichez la liste sur le mur en guise de rappel pour les élèves. Voici quelques exemples de choses à faire et à ne pas faire : se montrer courtois et poli, écouter les autres sans les interrompre, traiter les autres comme on voudrait être traité, ne pas dénigrer les gens ou être méchant avec eux, et ne pas juger les gens avant de bien les connaître.

Activité 3 : Nous sommes tous pareils

Invitez les élèves à réfléchir au fait que nous sommes tous pareils et, malgré tout, uniques. Menez des sondages sur divers sujets et créez, avec les élèves, des graphiques pour montrer quelles peuvent être les similitudes et les différences entre les gens. Voici quelques sujets de sondages : le mois de leur anniversaire, leur couleur préférée, le nombre de personnes dans leur famille et leur plat préféré. Soulignez aussi les différences entre les élèves.

Points de départ pour la discussion :

1. Qu'est-ce que les élèves remarquent?
2. Qu'est-ce qui les a étonnés?

Activité 4 : L'amitié

Demandez aux élèves de définir l'amitié et de dire si, selon eux, il faut être soi-même un bon ami, ou une bonne amie, pour avoir un bon ami, ou une bonne amie. Créez tous ensemble une « recette » des comportements à adopter pour être un bon ami, ou une bonne amie. Discutez de chacun de ces comportements et demandez aux élèves de nommer des camarades qui ont ces comportements. Par exemple, un enfant peut partager, aider les autres, être gentil, être juste, être amusant ou avoir un bon esprit sportif.

Points de départ pour la discussion :

1. Comme ami ou amie, je pense que ce que je fais de mieux, c'est…
2. Comme ami ou amie, je pense que je dois m'efforcer d'améliorer…

Enquête de courtoisie

Les gens s'entendent mieux quand ils sont courtois les uns avec les autres. Voici quelques façons de l'être. Fais l'enquête et réfléchis à ton niveau de courtoisie envers les autres.

	Toujours	Quelquefois	Jamais
J'attends mon tour pour parler.			
J'utilise un mouchoir quand j'éternue.			
Je n'interromps pas.			
J'utilise des mots polis.			
J'utilise de bonnes manières de table.			

Penses-tu être une personne courtoise? Explique ta pensée.

_____

_____

_____

_____

Je peux être gentil

Dessine une façon d'être gentil dans chaque situation.

Voilà comment je peux être gentil en classe.

Voilà comment je peux être gentil sur le terrain de jeu.

Actes de bonté

Les actes de bonté permettent aux gens de savoir que tu les apprécies.
Colorie les boîtes qui représentent un acte de bonté.

écouter

partager ta collation

être autoritaire

utiliser les manières

coopérer avec les autres

intégrer quelqu'un dans un groupe

être utile

être grossier

taquiner quelqu'un

LE LIVRE DE

_____

SUR LA BONTÉ

Je fais preuve de bonté quand j'invite quelqu'un à se joindre.

Je fais preuve
de bonté quand
j'aide quelqu'un.

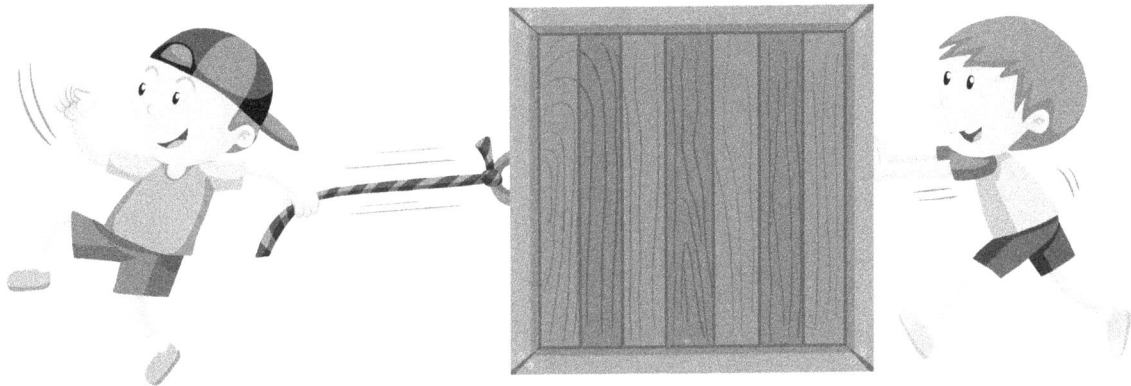

Je fais
preuve de
bonté quand
je parle à un
nouveau.

39

Je fais preuve de bonté quand je complimente quelqu'un.

Je fais preuve de bonté quand j'utilise de bonnes manières.

Je fais preuve de bonté quand j'écoute et je n'interromps pas.

Voici mon dessin de moi qui est gentil!

Mon ami et moi

Voici une photo de mon ami et moi.

Le nom de mon ami est...

_____

- -

_____

Nous aimons...

_____

- -

_____

Voici pourquoi nous sommes amis :

_____

- -

_____

_____

_____

Recette d'amitié

Voici une photo de mon ami et moi.

Écris les ingrédients qui font une bonne amitié.

-
-
-
-

Trouve un ami qui ...

Écris le nom d'un ami dans la case. Trouve un ami qui ...

a un chien de compagnie	est de la même grandeur que toi	aime construire des choses	a son anniversaire l'été
a une soeur	a son anniversaire l'hiver	aime la crème glacée à la vanille	aime dessiner
a plus qu'un animal	porte des chaussures à lacets	a un oiseau de compagnie	aime la couleur jaune
aime le camping	a un frère	est enfant unique	aime jouer dehors

44

Enquête sur l'amitié

Pouvoir se faire des amis est important. Voici des façons de montrer que tu es un bon ami. Réponds à cette enquête à propos de l'amitié.

	Toujours	Quelquefois	Jamais
Je partage avec mes amis.			
J'attends mon tour.			
J'aide mes amis.			
Je m'amuse avec mes amis.			
Je sais écouter.			

Penses-tu être un bon ami? Explique ta pensée.

_____

_____

_____

_____

LE LIVRE DE

_____

SUR L'AMITIÉ

L'amitié, c'est de partager avec les autres.

L'amitié, c'est
de s'amuser
avec les
autres.

L'amitié, c'est
d'être-là l'un
pour l'autre.

47

L'amitié, c'est de se faire rire.

HA HA

L'amitié, c'est de pouvoir se faire confiance.

L'amitié, c'est d'aider.

Voici mon dessin de moi étant un bon ami!

Autorégulation

Autorégulation : la capacité de comprendre et de gérer votre propre comportement et réactions.

Activité 1 : Établir un coin pour se calmer

Dédiez un coin ou une zone de la classe à l'apaisement afin de procurer aux enfants un endroit sûr quand ils ont de la difficulté à contrôler leurs émotions. Les enfants ont parfois besoin d'un endroit spécifique où ils peuvent prendre une pause et réguler leurs émotions et leur corps.

1. Désignez un endroit : sélectionnez un coin de la classe où il n'y pas beaucoup de trafic et où les enfants peuvent confortablement aller sans déranger leurs camarades.
2. Meublez-le : créez un endroit plaisant avec des coussins ou un pouf sur quoi se détendre. Si l'espace le permet, ajoutez une table ou un bureau pour enfant.
3. Incluez des ressouces facilement accessibles. Voici quelques idées :
   · des bancs d'apaisement que les enfants peuvent utiliser pour contrôler leurs émotions;
   · une affiche pour aider les enfants à réfléchir et à évaluer leur « température »;
   · une liste d'activités pratiques telles de la pâte à modeler ou des pages à colorier;
   · des affiches portant sur des techniques de relaxation;
   · des respirations rapides.

Activité 2 : Cartes de stratégie de détente

Utilisez les cartes de Stratégies pour se calmer pour renforcer auprès les enfants le fait qu'il existe plusieurs façons de se calmer quand ils vivent des émotions fortes. Parlez de leurs sentiments et des stratégies qui pourraient fonctionner pour eux. Découpez les cartes de Stratégies pour se calmer et perforez-les pour les conserver dans un classeur. Sinon, conservez les cartes de stratégies dans une boîte facilement accessible.

Activité 3 : Pot scintillant

Un pot scintillant ou « pour se calmer » aidera les enfants à relâcher l'anxiété et le stress. Demandez simplement à un enfant de bien secouer le pot scintillant, ensuite regardez les brillants retomber au bas du pot. Regarder les brillants retomber aidera l'enfant à se recentrer et à relaxer. Faites un pot scintillant en remplissant premièrement un pot au trois quarts avec de l'eau chaude. Ensuite, ajoutez quelques gouttes de colorant alimentaire. Puis, ajoutez des brillants et mélangez jusqu'à ce qu'ils s'intègrent au mélange existant. Et finalement, terminez de remplir le pot avec de l'eau chaude tout en laissant un espace au haut afin de permettre au mélange de circuler. Fermez le couvercle avec de la colle chaude.

Activité 4 : Pages de coloriage de mandala

Aidez les enfants à se détendre en les faisant colorier les pages de coloriage mandala retrouvées dans ce livre.

Jeu favorisant l'autorégulation

- Lumière rouge, lumière verte
- Quelle heure est-il M. Loup?
- Jeux de relais
- La chaise musicale
- Jean dit
- Jeux d'empilement
- Statue

Quelle est ma température?

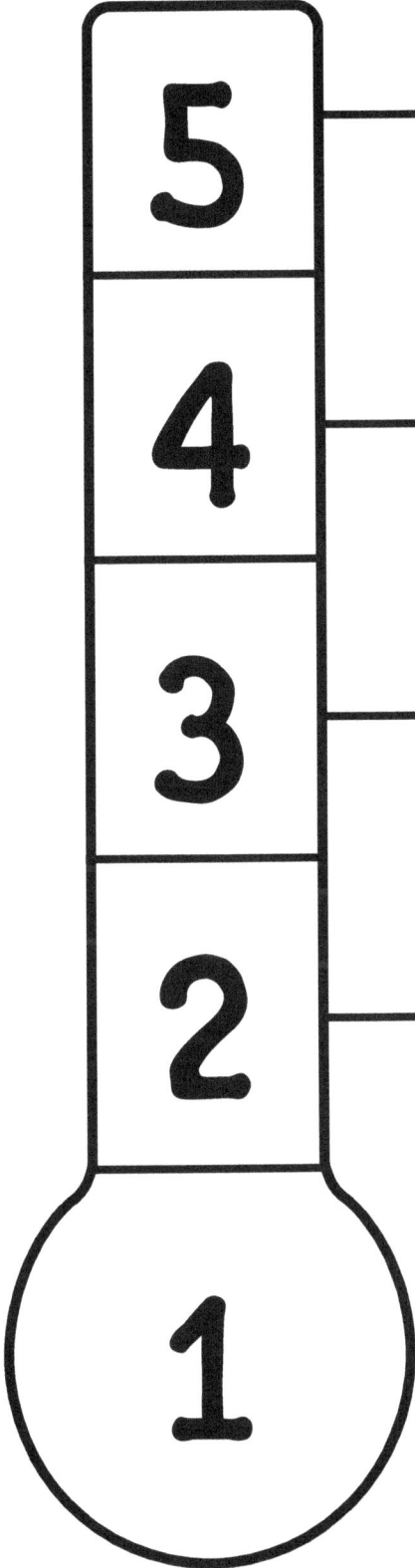

furieux

fâché, fou

triste, frustré

anxieux, inquiet

calme, heureux, content

Stratégies pour se calmer

Découpe ses cartes pour les avoir en cas de besoin.

Je peux lire un livre.

Je peux faire des bulles.

Je peux faire un casse-tête.

Je peux téléphoner à ma famille ou à mes amis.

Stratégies pour se calmer

Découpe ses cartes pour les avoir en cas de besoin.

Je peux écouter de la musique.

Je peux écraser de la pâte à modeler.

Je peux pousser contre un mur.

Je peux froisser du papier de soie.

Stratégies pour se calmer

Découpe ses cartes pour les avoir en cas de besoin.

Je peux faire du papier bulle.

Je peux avoir un soirée dansante.

Je peux sauter à la corde.

Je peux dessiner une image.

Stratégies pour se calmer

Découpe ses cartes pour les avoir en cas de besoin.

Je peux donner un coup de pied sur un ballon.

Je peux prendre 5 respirations profondes.

1 2 3...

Je peux compter jusqu'à 10.

?

Je peux demander de l'aide.

Stratégies pour se calmer

Découpe ses cartes pour les avoir en cas de besoin.

Je peux me promener.

Je peux regarder mon film préféré.

Je peux boire de l'eau.

Je peux écrire une histoire.

Stratégies pour se calmer

Découpe ses cartes pour les avoir en cas de besoin.

Je peux me tenir en équilibre sur les mains.

Je peux me balancer d'avant en arrière.

Je peux avoir des pensées heureuses.

Je peux câliner un jouet.

Respiration du ventre

1   Couche-toi et place un animal en peluche sur ton ventre.

2   Inspire profondément par ton nez.

3   Expire par ta bouche.

4   L'animal en peluche s'endormira avec le mouvement de ton ventre.

Respiration des éléphants

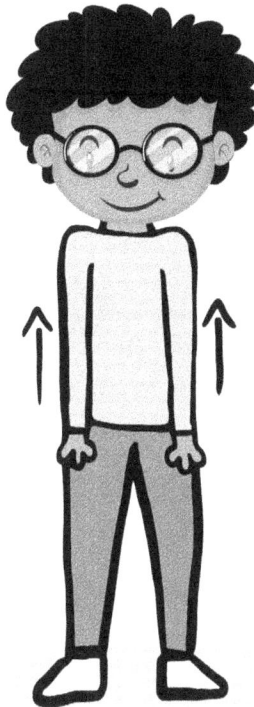

1 Mets-toi debout avec les pieds écartés. Laisse tes bras le long du corps. Entremêle les doigts pour faire une trompe d'éléphant.

2 Respire profondément par le nez en soulevant la trompe au-dessus de ta tête.

3 Penche-toi légèrement vers l'avant et descends ta trompe. Balance ta trompe vers l'arrière entre tes jambes en expirant par la bouche.

Respiration à bulles

1 Assieds-toi les yeux fermés.

2 Imagine que tu tiens un bâton pour faires des bulles.

3 Respire profondément par le nez.

4 En expirant par la bouche, imagine que tu souffles des bulles dans la pièce.

Ballon Respiration

1 Assieds-toi et place tes mains autour de ta bouche comme si tu allais gonfler un ballon.

2 Prends une profonde respiration par ton nez.

3 En expirant par la bouche, écarte les mains comme si tu gonfles un gros ballon.

Respiration des épaules

1 Assieds-toi au sol.

2 Prends une profonde respiration par ton nez, soulève les épaules et roulent-les vers l'arrière.

3 Expire par la bouche, abaisse tes épaules et roulent-les vers l'avant.

4 Répète tranquillement, en roulant les épaules vers le haut et vers le bas au rythme de ta respiration.

Respiration des bourdons

1 Assieds-toi au sol et place le bout de tes index dans tes oreilles.

2 Ferme les yeux et respire par le nez.

3 Fais le son « mmm » tout en expirant.

4 Entends-tu un bourdon?

Respiration 5 sens

1 2 3 4 5

1 Assieds-toi au sol et respire tranquillement.

2 En respirant, trouve...

- 5 choses que tu peux voir
- 4 choses que tu peux toucher
- 3 choses que tu peux entendre
- 2 choses que tu peux sentir
- 1 chose que tu ressens

Coloriage de mandala

Colorie le mandala avec tes couleurs préférées pour te détendre.

Colorie le mandala avec tes couleurs préférées pour te détendre.

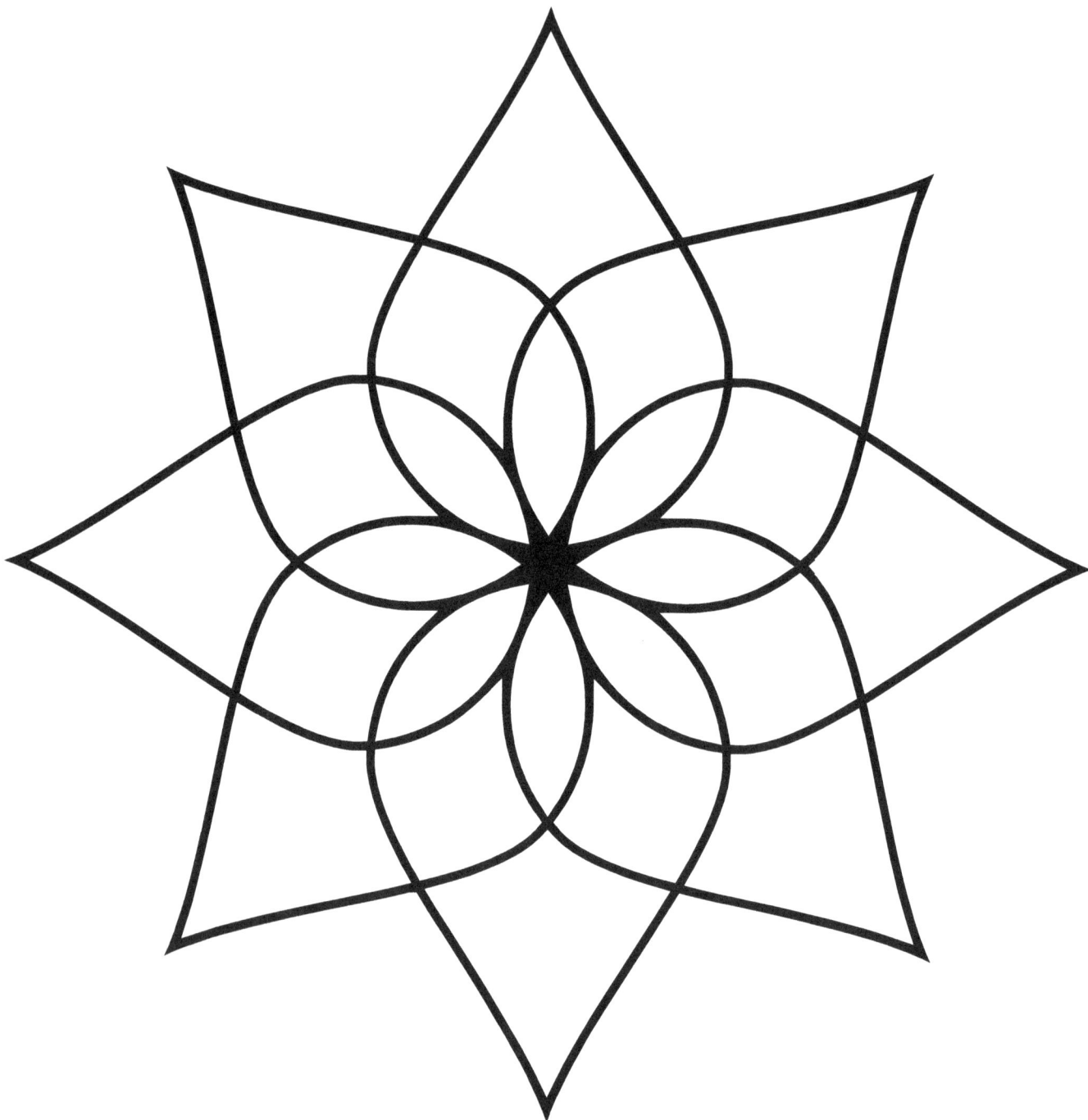

Coloriage de mandala

Colorie le mandala avec tes couleurs préférées pour te détendre.

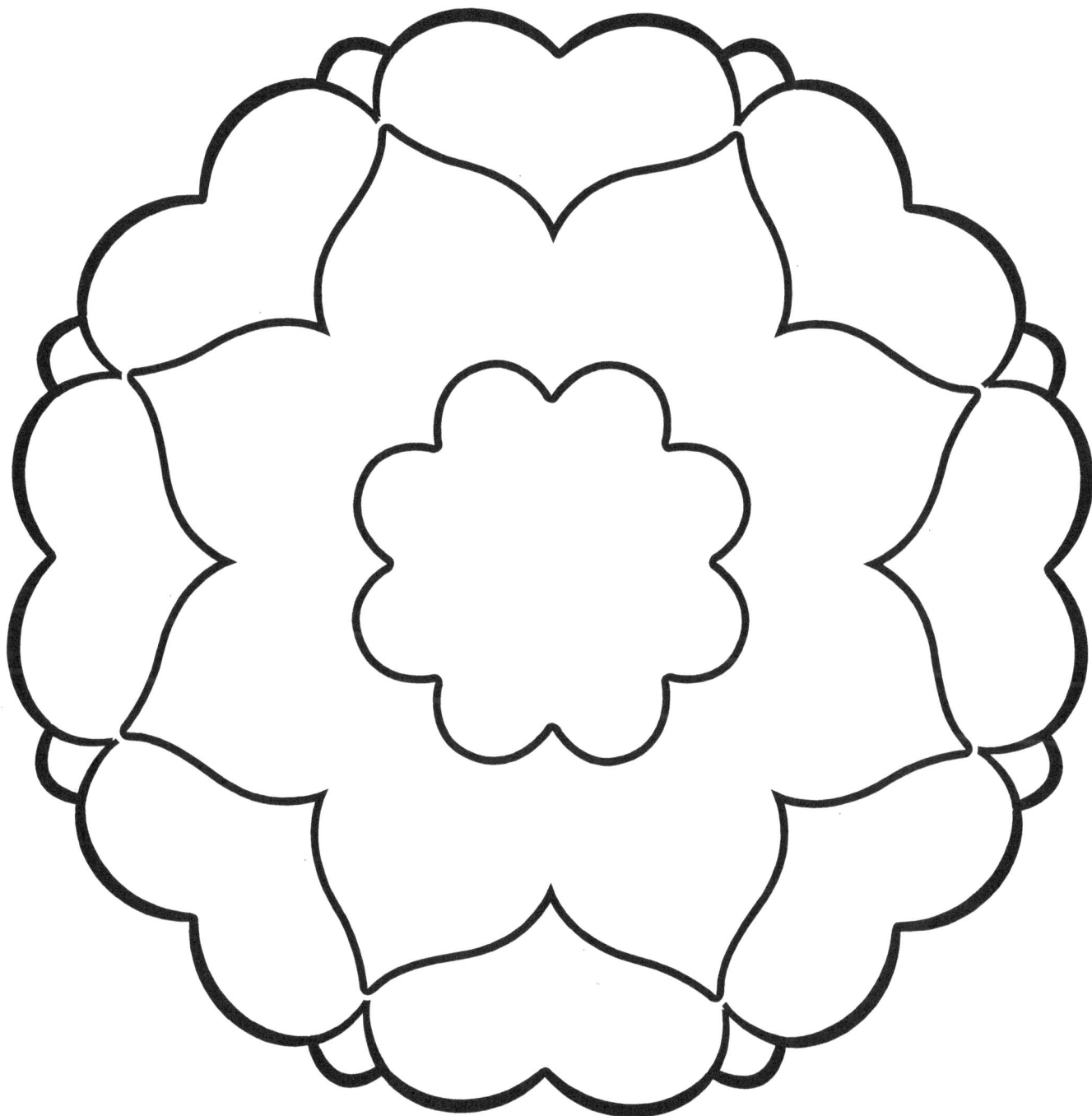

Coloriage de mandala

Colorie le mandala avec tes couleurs préférées pour te détendre.

Colorie le mandala avec tes couleurs préférées pour te détendre.

Colorie le mandala avec tes couleurs préférées pour te détendre.

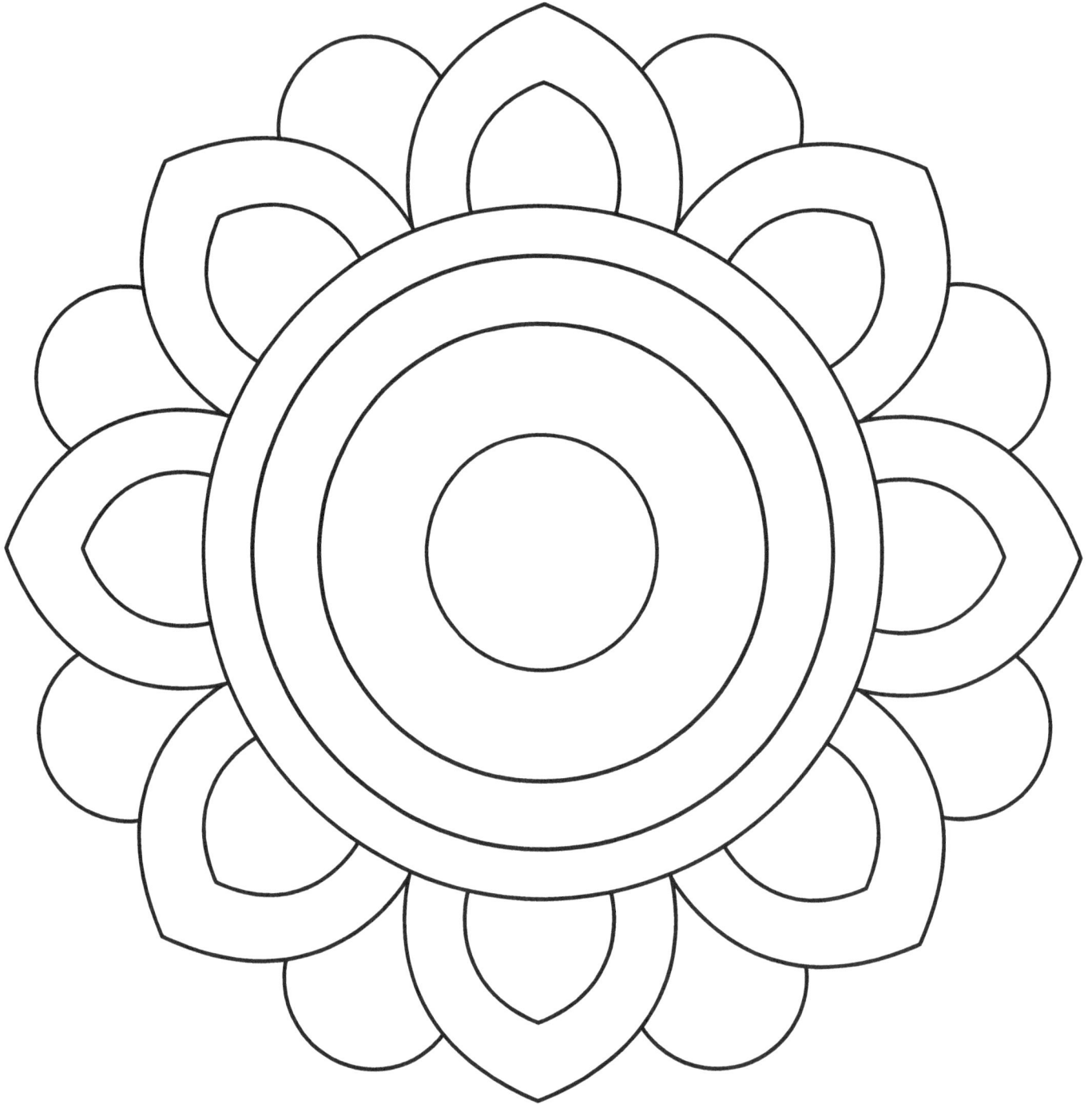

L'Équité

Le fait d'être honnête et juste

Activité 1 : Qu'est-ce que l'équité?

Points de départ pour la discussion :

1. Qu'est-ce que ça veut dire « traiter les gens avec équité »?
2. Avez-vous déjà dit : « Ce n'est pas juste»? Comment savez-vous si une chose est injuste?
3. Avez-vous déjà joué à un jeu avec quelqu'un qui trichait? Comment vous sentiez-vous?
4. L'équité, est-ce que ça consiste à appliquer les mêmes règles pour tous, même si ça signifie qu'on va perdre au jeu?

Activité 2 : L'honnêteté est la meilleure option

Demandez aux élèves ce que signifie, selon eux, la phrase « L'honnêteté est la meilleure option ». Sont-ils d'accord avec cette expression? Demandez-leur d'expliquer leur réponse.

Points de départ pour la discussion :

1. Pourriez-vous faire confiance à quelqu'un qui ment? Qui triche? Qui vole? Pourquoi?
2. Vous est-il déjà arrivé de dire la vérité, même si c'était difficile à faire? Expliquez votre réponse.

Activité 3 : Prendre les bonnes décisions

Encouragez les élèves à prendre l'habitude de réfléchir à ce qui est bien et à ce qui est mal avant de choisir le comportement à adopter dans différentes situations. Organisez des jeux de rôles à partir des différents scénarios proposés sur les cartes de comportements incluses dans le présent guide. Discutez de ce qui se passe, dans chacun des scénarios, avec les enfants qui choisissent la « bonne chose à faire » et avec ceux qui choisissent la « mauvaise chose à faire », et comparez les situations. Comment les enfants se sentiraient-ils après chaque décision? Quelles en sont les conséquences?

Points de départ pour la discussion :

1. À quoi devriez-vous réfléchir avant de décider si c'est bien ou si c'est mal de faire quelque chose?
2. Que se passerait-il si personne ne se préoccupait de faire la « bonne chose »?
3. Êtes-vous d'accord avec les gens qui disent : « Tant pis pour ceux qui ont perdu des choses, moi, je les garde si je les trouve»? Expliquez votre pensée.

Activité 4 : Qu'est-ce que la résolution de conflit?

Présentez aux élèves la notion de résolution de conflit. Il s'agit d'un processus qui aide à résoudre les problèmes de façon positive. Chaque personne en cause est encouragée à assumer la responsabilité de ses actes. Pour les enfants plus jeunes, vous voudrez peut-être parler plutôt de « trouver une solution ». Voici quelques étapes à suivre dans la résolution de conflit :

- C'est quoi, le problème?
- Écouter sans interrompre.
- Discuter de la question.
- Proposer différentes solutions.

Examinez ce processus avec les élèves et discutez-en. Organisez des jeux de rôles pour permettre aux élèves d'appliquer les différentes étapes du processus. Encouragez les élèves à essayer de comprendre le point de vue de l'autre. Vous voudrez peut-être vous inspirer de situations vécues dans leur classe. Encouragez les élèves à proposer différentes solutions, de manière à les habituer, si une solution ne fonctionne pas, à en trouver une autre. Vous pouvez aussi afficher au tableau les étapes à suivre pour la résolution de conflit, afin que les élèves puissent s'y reporter facilement.

LE LIVRE DE

_____

SUR L'ÉQUITÉ

Être juste veut dire jouer chacun son tour.

Être juste signifie dire la vérité et admettre ses erreurs.

Être juste veut dire de respecter les règles du jeu.

Être juste veut dire penser à la façon dont mes actions affectent les autres.

NE JETEZ PAS LES DÉCHETS!

Être juste veut dire traiter les autres comme je veux être traité.

Être juste veut dire que tout le monde peut s'asseoir.

Voici mon dessin de moi étant juste!

Être juste

Pour chaque situation, colorie le Oui ou le Non si tu penses qu'ils sont justes ou pas.

Quelqu'un avance devant vous en ligne.

Est-ce juste?

OUI   **NON**

Tout le monde se balançant à tour de rôle sur la balançoire.

Est-ce juste?

OUI   **NON**

Tout le monde a pu mettre son nom dans la boîte de prix.

OUI   Est-ce juste?   **NON**

Quelqu'un ne partage aucun des jouets.

OUI   Est-ce juste?   **NON**

Une personne prend deux biscuits alors que d'autres en ont un.

OUI   Est-ce juste?   **NON**

Quelqu'un laisse de l'argent par terre. Tu le rends.

Est-ce juste?

OUI   **NON**

76

Techniques de résolution de problèmes

Découpe ces cartes de stratégies et garde-les pour quand les choses ne semblent pas bien aller pour toi.

Je peux jouer avec quelqu'un de nouveau.

Je peux dire comment je me sens.

Je peux dire « s'il vous plaît, arrêtez. »

Arrête s'il te plaît

Je peux partir.

Je peux l'ignorer.

Je peux demander de l'aide.

Cartes de scénario de conflit

SCÉNARIO DE CONFLIT

L'enseignante t'a demandé de te mettre en rang pour la récréation. Un élève de la classe te pousse et se place devant toi au lieu d'aller au bout du rang.

Qu'est-ce que tu vas faire?

SCÉNARIO DE CONFLIT

Une élève de la classe t'a pris tes fournitures sans te demander la permission.

Qu'est-ce que tu vas faire?

SCÉNARIO DE CONFLIT

Tu es en train de faire une construction avec des cubes et quelqu'un fait exprès de la démolir.

Qu'est-ce que tu vas faire?

SCÉNARIO DE CONFLIT

Tu joues au ballon avec ton ami à la récréation. Un autre enfant arrive et prend le ballon.

Qu'est-ce que tu vas faire?

SCÉNARIO DE CONFLIT

Ta meilleure amie et toi avez une dispute. Ta meilleure amie ne veut plus jouer avec toi.

Qu'est-ce que tu vas faire?

SCÉNARIO DE CONFLIT

Tu essaies de faire ton travail à ton pupitre, mais la même personne vient sans cesse te déranger.

Qu'est-ce que tu vas faire?

Cartes de scénario de conflit

SCÉNARIO DE CONFLIT

Un de tes amis décide toujours du jeu à quoi vous allez jouer, mais il ne veut jamais jouer à ton jeu.

Qu'est-ce que tu vas faire?

SCÉNARIO DE CONFLIT

Durant le cours de basket-ball, un camarade de classe te crie après et dit que tu ne lui passes pas assez le ballon.

Qu'est-ce que tu vas faire?

SCÉNARIO DE CONFLIT

Tu entends un camarade de classe dire des choses méchantes à propos d'un de tes amis.

Qu'est-ce que tu vas faire?

SCÉNARIO DE CONFLIT

Un camaradede classe a dit à quelqu'un que tu as dit quelque chose de méchant à son sujet, mais ce n'était pas toi.

Qu'est-ce que tu vas faire?

SCÉNARIO DE CONFLIT

Ton ami et toi voulez tous les deux utiliser la corde à sauter à la récréation.

Qu'est-ce que tu vas faire?

SCÉNARIO DE CONFLIT

Un camarade de classe a dit que tu ne peux pas jouer avec eux.

Qu'est-ce que tu vas faire?

Liste des livres d'images

ÉMOTIONS

The Unbudgeable Curmudgeon
par Matthew Burgess
The Way I Feel par Janan Cain
The Grouchy Ladybug par Eric Carle

COURTOISIE

Madeline Says Merci
par John Bemelmans Marciano
No, David! par David Shannon

HONNÊTETÉ / ÉQUITÉ

It's Not Fair! par Charlotte Zolotow
The Berenstain Bears and the Truth par
Stan & Jan Berenstain
*Alexander and the Terrible, Horrible, No
Good, Very Bad Day* par Judith Viorst

FIERTÉ

The Summer of the Swans par Betsy Byars
Captain Tom Cat par Bill Martin Jr
The Trumpet of the Swan par E. B. White

RESPECT

Goldilocks and the Three Bears par
divers auteurs
Grandfather Counts par Andrea Cheng

RESPONSABILITÉ

Berlioz the Bear par Jan Brett
Now One Foot, Now the Other par Tomie dePaola
Horton Hatches the Egg par Dr. Seuss
Strega Nona par Tomie dePaola

COMPASSION

Berenstain Bears and the In-Crowd par
Stan & Jan Berenstain
Frog and Toad Are Friends par Arnold Lobel
A Chair For My Mother par Vera B. Williams

AMITIÉ

Alexander and the Wind-Up Mouse
par Leo Lionni
Best Friends par Steven Kellogg
The Invisible String par Patrice Karst
Hunter's Best Friend at School par
Laura Malone Elliott

AUTORÉGULATION

Waiting Is Not Easy! par Mo Willems
I Can Handle It! par Laurie Wright
Sometimes I Feel Like a Storm Cloud
par Lezlie Evans
Of Course It's a Big Deal par Bryan
Smith

MANIÈRES

Manners par Aliki
What Do You Do, Dear? by Sesyle Joslin
The Bad Seed par Jory John
*The Berenstain Bears Say Please and Thank
You* par Jan & Mike Berenstain

PERSÉVÉRENCE

A Weed is a Flower par Aliki
Green Eggs and Ham par Dr. Seuss
Mike Mulligan and His Steam Shovel par
Virginia Lee Burton
The Very Busy Spider par Eric Carle
The Little Engine That Could par Watty Piper

www.ingramcontent.com/pod-product-compliance
Lightning Source LLC
Chambersburg PA
CBHW081343090426

42737CB00017B/3275